W0273307

Comment lire ce livre avec votre enfant

Avec ses dessins tendres et ses grandes images colorées, ce livre a été conçu pour le plaisir et l'éveil de votre enfant.

Au fil des pages, il vous demandera de lui expliquer les images. Les questions que nous avons choisies vous aideront à lui répondre. Votre enfant sera ravi de reconnaître avec vous des situations familières et d'en découvrir de nouvelles.

Pour prolonger l'intérêt de ce livre, vous pouvez vous-même inventer ensuite d'autres questions qui encourageront votre enfant à observer et à déduire.

Conforme à la loi n°49 956 du 16 juillet 1949
sur les publications destinées à la jeunesse
© Éditions Nathan / VUEF 2002
ISBN : 2-09-220268-5
N° d'éditeur : 10089119
Dépôt légal : septembre 2002

Questions-Réponses 3/6 ans

Châteaux forts et chevaliers

Texte de Agnès Vandewiele
Illustrations de Robert Barborini

NATHAN

LE CHÂTEAU FORT

Le château fort est entouré de solides remparts. Du haut de ses tours, les guetteurs surveillent la campagne environnante.

Qu'est-ce qu'un château fort ?

C'est la demeure fortifiée des seigneurs du Moyen-Âge. Il est construit pour résister aux attaques des ennemis. En cas de guerre, la population des alentours s'y met à l'abri.

À quoi sert le pont-levis ?

Il enjambe les douves, des fossés remplis d'eau, et permet d'accéder au château. Grâce à un système de chaînes et de poulies, on relève le pont-levis au moindre danger.

Pourquoi le haut des murs a-t-il cette forme ?

Lors d'une attaque, les défenseurs s'abritent derrière les parties hautes des murailles et tirent sur l'ennemi à travers l'ouverture des créneaux.

À quoi servent les fentes dans les murs ?

Ce sont des meurtrières, des ouvertures très étroites. On peut lancer des flèches à travers les meurtrières sans s'exposer au danger.

Que trouve-t-on dans le donjon ?

Cette tour, dressée au centre du château, abrite les réserves de nourriture, la grande salle, les chambres du seigneur et de sa famille, la salle de garde, et parfois la chapelle.

LA CONSTRUCTION DU CHÂTEAU FORT

Sur le chantier, les artisans s'affairent. Chacun connaît bien son métier. Encore quelques années et le château sera achevé.

Où construit-on le château ?

Sur un lieu difficile à attaquer : une hauteur, une colline, au sommet d'un rocher...

De quels matériaux se sert-on ?

Les premiers châteaux sont en bois. Plus tard, les châteaux sont en pierre : plus solides, ils résistent mieux aux incendies.

Qui dirige les travaux ?

C'est un architecte, appelé le maître d'œuvre. Il fait les plans du château et dirige les travaux. Il est muni d'une équerre et d'un compas.

Qui travaille sur le chantier ?

Plusieurs centaines de personnes : les manœuvres transportent le bois et les pierres ; les charpentiers montent les échafaudages ; les maçons construisent les murs...

Comment apporte-t-on les pierres au sommet des murs ?

Les grosses pierres sont montées par une roue, la cage à écureuil. Un homme marche à l'intérieur et la fait tourner : cela entraîne un câble qui hisse les pierres.

LA VIE DANS LE CHÂTEAU

Quel va-et-vient dans la cour ! Enfants, soldats, paysans, serviteurs et marchands s'y croisent chaque jour.

Qui habite dans le château ?

Le seigneur, toute sa famille, de nombreux serviteurs, des artisans, des soldats, des chevaliers... En tout, une centaine de personnes !

Quel est le travail du forgeron ?

Dans la forge du château, il fabrique des fers pour les chevaux, des cercles pour les roues et les tonneaux, des outils, des clous, des serrures...

Où vont les paysans avec leurs gros sacs ?

Ils apportent au seigneur une partie de leur récolte et de la viande. En échange, le seigneur les abrite au château en cas d'attaque et protège leurs terres.

Que font les hommes près des chevaux ?

Ce sont des palefreniers : ils sellent les chevaux et chargent les charrettes pour le seigneur qui va partir en voyage.

Qui sont les hommes en armes ?

Ce sont les soldats et les archers qui défendent le château. Ils forment la garnison.

LE SEIGNEUR ET SA FAMILLE

Après une journée bien remplie, toute la famille se retrouve à la veillée devant un grand feu de cheminée.

Que fait le seigneur toute la journée ?

Il s'occupe du château : il surveille ses terres, rend la justice, contrôle les récoltes dues par les paysans, décide des travaux à faire dans le château...

Pourquoi la dame porte-t-elle un chapeau pointu ?

C'est un hennin, la coiffe réservée aux femmes nobles. Il peut mesurer un mètre de haut.

Comment la femme du seigneur passe-t-elle son temps ?

La dame veille sur l'intérieur du château. Elle commande les serviteurs. Quand son mari est absent, elle le remplace et dirige le domaine.

Qui s'occupe des enfants ?

La dame et le seigneur ont de nombreux enfants. La dame se charge de leur éducation, avec ses servantes et des nourrices qui allaitent les nouveau-nés jusqu'à l'âge de deux ans.

Les enfants vont-ils à l'école ?

Ils sont instruits au château par le chapelain. C'est un prêtre qui leur apprend à lire le latin, à écrire et à compter.

DANS LA CHAMBRE

La chambre est le domaine des femmes. La châtelaine et ses filles y cousent et s'y divertissent.

Que fait la dame avec ses filles ?

Elle leur apprend à coudre, à broder, à faire de la tapisserie. Elle leur enseigne aussi la musique, la danse, le dessin et la prière. Les filles quittent la maison quand elles se marient.

Qui fabrique les vêtements ?

Dans la garde-robe, les couturières confectionnent les vêtements, réparent et reprisent les tuniques des chevaliers.

Comment se lave-t-on ?

De temps en temps, on prend un bain parfumé aux herbes dans un baquet. Il faut alors faire chauffer de l'eau et couvrir de toile les parois du baquet.

Pourquoi y a-t-il de l'herbe sur le sol ?

Comme il n'y a pas de tapis, on jette sur les dalles humides des herbes odorantes l'été ou de la paille l'hiver, pour maintenir un peu de chaleur.

Où dorment les enfants ?

Les frères et sœurs dorment dans la chambre des enfants, à 4 ou 5 dans le même lit, blottis sous une grande couverture de fourrure pour ne pas avoir froid.

LES REPAS

Dans la grande salle, les serviteurs ont dressé les tables à tréteaux. Ce soir, il y a un festin au château !

Pourquoi l'homme souffle-t-il dans un cor ?

C'est pour annoncer que le repas est prêt et qu'il faut aller se laver les mains à la fontaine.

Pourquoi les convives n'ont-ils pas d'assiettes ?

La nourriture est servie sur des tranches de pain rassis, appelées les tranchoirs. Les tranchoirs absorbent les sauces et la graisse.

Comment mange-t-on ?

On se sert d'un couteau pour couper la viande et d'une cuillère pour manger la soupe. On utilise aussi ses doigts pour porter à sa bouche les morceaux de nourriture !

Que mange-t-on ?

Beaucoup de viande (bouillie ou rôtie), de volaille et de gibier. Pour leur donner meilleur goût, on les sale et on y met beaucoup d'épices.

Comment boit-on ?

On boit du cidre, du vin ou une sorte de bière, appelée cervoise, dans un gobelet. Souvent, on boit dans le même gobelet que son voisin de table.

JEUX ET DIVERTISSEMENTS

Après le festin, place à la musique et à la danse ! Avec les jongleurs, les troubadours et les musiciens, la fête bat son plein.

Qu'est-ce qu'un troubadour ?

C'est un conteur qui va de château en château. Il raconte aux dames les exploits des chevaliers et leur récite des poèmes d'amour.

Pourquoi y a-t-il des animaux ?

Jongleurs et acrobates sont parfois accompagnés d'animaux savants : ours, singes ou chiens...
Ces animaux sont dressés pour exécuter des tours.

De quels instruments jouent les musiciens ?

Ces musiciens ambulants, les ménestrels, jouent du luth, de la harpe, du tambourin, de la trompette et de la viole, un ancêtre du violon.

À quels jeux aime-t-on jouer ?

Le seigneur et son hôte font une partie d'échecs. On joue aussi aux dames et aux dés. Dehors, petits et grands font des parties de colin-maillard.

Les enfants ont-ils des jouets ?

Les enfants jouent avec des toupies, des balles, des billes, des chevaux et poupées de bois, des petits arcs et des osselets.

LA CHASSE

La chasse à courre est le sport préféré du seigneur. Avec d'autres cavaliers, il s'élance à la poursuite du gibier.

Que fait l'homme suivi des deux garçons ?

C'est le veneur. Il apprend aux futurs chevaliers à repérer et à reconnaître les traces d'animaux.

Pourquoi le seigneur va-t-il à la chasse ?

En chassant, il s'entraîne à l'équitation et au maniement des armes. La chasse débarrasse la forêt des bêtes sauvages et procure du gibier au château.

À quoi servent les chiens ?

Ils poursuivent le gibier. Une meute de chiens de chasse est nourrie et soignée par les valets de chien dans le chenil du château.

Comment sont équipés les chasseurs ?

Monté sur son cheval, le seigneur est armé d'un épieu ou d'une lance. Il peut aussi avoir une arbalète de chasse ou un couteau.

Pourquoi la dame tient-elle un oiseau sur son bras ?

C'est un faucon, dressé pour la chasse. Quand la dame aperçoit une proie, elle le laisse s'envoler pour qu'il la pourchasse.

Que font les hommes dans la clairière ?

Ils préparent un repas en plein air pour les chasseurs qui ont besoin de manger car la partie de chasse dure toute la journée.

DEVENIR CHEVALIER

Aujourd'hui est un grand jour. Ce jeune garçon a fini son apprentissage, le seigneur va le faire chevalier.

Comment devient-on chevalier ?

Vers 7 ans, le garçon est envoyé chez un autre seigneur. Il apprend à chasser, à monter à cheval, à manier les armes. À 14 ans, il devient écuyer et accompagne le seigneur à la guerre.

Pourquoi le jeune garçon est-il agenouillé devant le seigneur ?

Vers 21 ans, l'écuyer devient chevalier, par une grande cérémonie appelée l'adoubement. Le seigneur qui l'a éduqué, en lui donnant avec son épée un coup sur l'épaule, le fait chevalier.

Que fait le nouveau chevalier ?

Il promet d'être brave, généreux et fidèle, de défendre les pauvres, les femmes, les enfants, et les hommes d'église...

Comment le chevalier est-il équipé pour aller à la guerre ?

Au début, les chevaliers portent une cotte de maille faite de centaines de petits anneaux de métal. Plus tard, la cotte sera remplacée par une armure faite de plaques d'acier.

Qu'est-ce qu'un destrier ?

C'est un cheval de guerre, un étalon très robuste qui doit pouvoir porter une centaine de kilos.

LES JOUTES ET LES TOURNOIS

Armés d'une lance, deux vaillants chevaliers se précipitent l'un contre l'autre. Le choc est rude. Dans les tribunes, la foule salue leur courage.

Pourquoi les chevaliers se battent-ils ?

Quand ils ne font pas la guerre, les chevaliers s'affrontent lors de joutes et de tournois. Ils s'entraînent ainsi pour la guerre.

Comment sont équipés les chevaliers ?

Chacun a une lance en bois, un bouclier et des éperons. Ils sont protégés par une solide armure. Leur cheval aussi est protégé par une sorte de housse, le caparaçon.

Que fait l'homme avec la trompette ?

C'est le héraut. Avec sa trompette, il annonce l'entrée des concurrents, les présente et commente le spectacle.

Qui sera le gagnant ?

Ce sera celui qui réussira à faire tomber son adversaire. Il gagnera l'armure et le cheval du vaincu. Parfois, une noble dame offre également une récompense.

Comment le chevalier s'entraîne-t-il pour une joute ?

Le chevalier se précipite, à cheval, contre un mannequin, la quintaine, qui tient un bouclier.

LE CHÂTEAU ASSIÉGÉ

La bataille fait rage !
Une pluie de flèches
et de boulets s'abat
sur le château,
mais la garnison résiste.

Comment attaque-t-on le château ?

Les ennemis l'encerclent, envoient des flèches enflammées sur le toit, lancent des projectiles et enfoncent la porte d'entrée avec un bélier, une poutre de bois terminée par une pièce de fer.

À quoi sert l'énorme machine de bois ?

C'est un trébuchet. Cet engin permet de lancer de très lourds boulets de pierre sur les remparts du château pour y faire d'énormes trous.

Que lancent les hommes au sommet des tours ?

Ils lancent sur les ennemis du sable, des pierres, de l'eau, de l'huile bouillante ou de la chaux vive, une matière brûlante.

Que font les hommes armés en haut des murs ?

Avec leurs arcs, les archers peuvent tirer une douzaine de flèches par minute. Les arbalétiers ont une arme plus redoutable, mais ils doivent s'abriter pour réarmer leur arbalète.

L'attaque du château dure-t-elle longtemps ?

Les attaquants peuvent maintenir le siège pendant des semaines, et même des mois. Mais une armée du roi arrive parfois pour les chasser.

ACTIVITÉS

DÉGUISE-TOI EN DAME AVEC UN HENNIN

Il te faut :

du carton léger de couleur

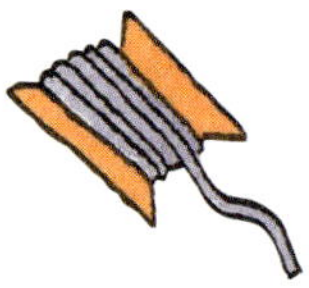

de l'élastique

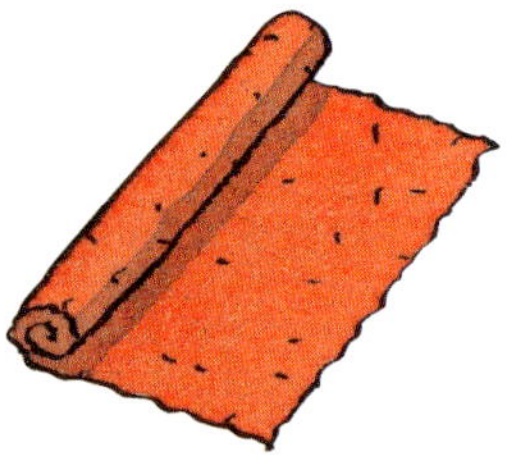

du papier crépon

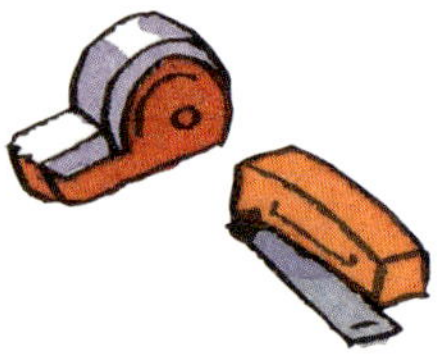

du scotch et une agrafeuse

1. Découpe une grande portion de cercle dans le carton.

2. Ferme la coiffe en rejoignant avec du scotch les deux bords et agrafe un élastique qui, passé sous ton menton, retiendra la coiffe.

3. Pour décorer le hennin, scotche à la pointe deux rubans de papier crépon ou de tulle.

FABRIQUE TES ARMOIRIES

Il te faut :

du papier à dessin

des feutres de certaines couleurs (or, argent, bleu, rouge, noir, vert, violet)

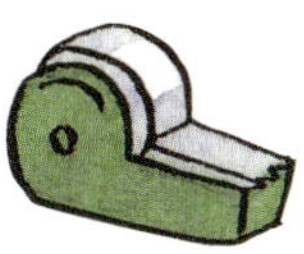

du scotch

1. Sur une feuille de papier à dessin, dessine une forme de bouclier.

2. Dessine un animal, des formes géométriques ou des fourrures.

3. Colorie ton dessin avec les feutres.

4. Colle tes armoiries sur des objets qui t'appartiennent (coffre, boîte, cahier...).